+ Atividades
Português

Andréa Pereira de Souza
Elisabete Jacques Urizzi Garcia
Priscila Ramos de Azevedo

Nome: _____
Turma: _____
Escola: _____
Professor: _____

Dados Internacionais de Catalogação na Publicação (CIP)
(Câmara Brasileira do Livro, SP, Brasil)

Souza, Andréa Pereira de
  + Atividades: português, 2 / Andréa Pereira de Souza, Elisabete Jacques Urizzi Garcia, Priscila Ramos de Azevedo. – São Paulo: Editora do Brasil, 2016.

  ISBN 978-85-10-06340-1 (aluno)
  ISBN 978-85-10-06341-8 (professor)

  1. Português (Ensino fundamental) 2. Português (Ensino fundamental) - Atividades e exercícios I. Garcia, Elisabete Jacques Urizzi. II. Azevedo, Priscila Ramos de. III. Título.

16-04096   CDD-372.6

Índices para catálogo sistemático:
1. Português: Ensino fundamental   372.6

© Editora do Brasil S.A., 2016
Todos os direitos reservados

Direção-geral: Vicente Tortamano Avanso
Direção adjunta: Maria Lucia Kerr Cavalcante de Queiroz

Direção editorial: Cibele Mendes Curto Santos
Gerência editorial: Felipe Ramos Poletti
Supervisão editorial: Erika Caldin
Supervisão de arte, editoração e produção digital: Adelaide Carolina Cerutti
Supervisão de direitos autorais: Marilisa Bertolone Mendes
Supervisão de controle de processos editoriais: Marta Dias Portero
Supervisão de revisão: Dora Helena Feres
Consultoria de iconografia: Tempo Composto Col. de Dados Ltda.

Coordenação editorial: Paulo Roberto Ribeiro
Edição: Simone D'Alevedo
Assistência editorial: Eloise Melero, Gabriel Madeira Fernandes e Jamila Nascimento da Silva
Auxílio editorial: Bárbara Zocal da Silva
Coordenação de revisão: Otacilio Palareti
Copidesque: Gisélia Costa e Ricardo Liberal
Revisão: Alexandra Resende, Ana Carla Ximenes, Elaine Fares e Maria Alice Gonçalves
Coordenação de iconografia: Léo Burgos
Pesquisa iconográfica: Denise Sales
Coordenação de arte: Maria Aparecida Alves
Assistência de arte: Carla Del Matto
Design gráfico: Estúdio Sintonia e Patrícia Lino
Capa: Maria Aparecida Alves
Imagem de capa: Africa Studio/Shutterstock.com
Ilustrações: Alberto Di Stefano, André Aguiar, Camila de Godoy, Carlos Caminha, Eduardo Belmiro, Estúdio Mil, Fabio Eugenio, Ilustra Cartoon, Luis Moura, Renato Ventura e Willian Veiga
Coordenação de editoração eletrônica: Abdonildo José de Lima Santos
Editoração eletrônica: Adriana Albano
Licenciamentos de textos: Cinthya Utiyama, Jennifer Xavier, Paula Harue Tozaki e Renata Garbellini
Coordenação de produção CPE: Leila P. Jungstedt
Controle de processos editoriais: Beatriz Villanueva, Bruna Alves, Carlos Nunes e Rafael Machado

1ª edição / 4ª impressão, 2025
Impresso na Hawaii Gráfica e Editora

Avenida das Nações Unidas,12901
Torre Oeste, 20º andar
São Paulo, SP – CEP: 04578-910
Fone: +55 11 3226-0211
www.editoradobrasil.com.br

Sumário

Capítulo 1

Texto 1 – *Ciranda, cirandinha* (Cantiga de roda) 5

Língua: Gramática – Alfabeto 7

Texto 2 – *O meu pai é engraçado...* (Poema).. 10

Língua: Ortografia – Letras maiúsculas e minúsculas 13

Produção de texto – Poema 15

Capítulo 2

Texto 1 – *O carrinho movido a carinho* (Conto – trecho).................................. 17

Língua: Gramática – Sinais de pontuação: uso do travessão — 19

Ordem alfabética 21

Texto 2 – *Houve um tempo...* (Poema) 23

Língua: Ortografia – Letras cursivas 28

Produção de texto – Diálogo.. 29

Capítulo 3

Texto 1 – *Uma lâmpada com um gênio dentro* (Poema) 30

Língua: Gramática – Sinais de pontuação 33

Texto 2 – *Receita de meleca de mentirinha* (Receita) 35

Língua: Ortografia – A letra **g** 38

A cedilha (ç) 40

Produção de texto – Receita 42

Capítulo 4

Texto 1 – *Tem livro que tem* (Poema).. 44

Língua: Gramática – Sílabas 47

Texto 2 – *Alice viaja nas histórias* (Conto – trecho) 50

Língua: Ortografia – A letra **r** 53

Produção de texto – Conto... 55

Capítulo 5

Texto 1 – *Frederico Godofredo* (Conto – trecho) 56

Língua: Gramática – Tipos de frase 59

Texto 2 – *Chocalho de sucata* (Passo a passo) 62

Língua Ortografia – A letra **s** 65

Produção de texto – Passo a passo 67

Capítulo 6

Texto 1 – *Saiba o que doar para as vítimas das chuvas no estado* (Cartaz) 71

Língua: Gramática – Nomes próprios e nomes comuns 75

Texto 2 – *O ciclo da água* (Artigo explicativo) 77

Língua: Ortografia – Duas letras e um só som: **ch, lh, nh** 80

Produção de texto – Cartaz 82

Capítulo 7

Texto 1 – *O rato do mato e o rato da cidade* (Fábula) 83

Língua: Gramática – Nomes masculinos e nomes femininos 86

Texto 2 – *Criançada sai da rotina com os animais da fazendinha* (Notícia) 90

Língua: Ortografia – Nomes no singular e nomes no plural 93

Os sons nasais 95

Produção de texto – Fábula 97

Capítulo 8

Texto 1 – *Condomínio dos Monstros* (Romance – trecho) 98

Língua: Gramática – Adjetivo 105

Texto 2 – *Onde vivem os monstros* (Sinopse) 108

Língua: Ortografia – Emprego de **m** e **n** 110

Produção de texto – Sinopse 112

CAPÍTULO 1

TEXTO 1

CANTIGA DE RODA

LEIA A CANTIGA A SEGUIR.

CIRANDA, CIRANDINHA

CIRANDA, CIRANDINHA
VAMOS TODOS CIRANDAR
VAMOS DAR A MEIA-VOLTA
VOLTA E MEIA VAMOS DAR.

O ANEL QUE TU ME DESTE
ERA VIDRO E SE QUEBROU
O AMOR QUE TU ME TINHAS
ERA POUCO E SE ACABOU.

POR ISSO, DONA MARIA,
FAÇA O FAVOR DE ENTRAR NA RODA
DIGA UM VERSO BEM BONITO
DIGA ADEUS E VÁ EMBORA.

CANTIGA POPULAR.

1 MARQUE A RESPOSTA CORRETA COM UM **X**. O QUE DEVE SER FEITO QUANDO SE CANTAM OS TRECHOS DA CANTIGA?

A) **VAMOS DAR A MEIA-VOLTA**

- ☐ TODAS AS PESSOAS DEVEM AGACHAR.
- ☐ AS PESSOAS DEVEM MUDAR A DIREÇÃO DA RODA.
- ☐ AS PESSOAS DEVEM SOLTAR AS MÃOS.

B) **DIGA UM VERSO BEM BONITO**

- ☐ LER UM VERSO DE UM LIVRO.
- ☐ DIZER UM VERSO DE QUE SE LEMBRA.
- ☐ ESCREVER UM VERSO.

2 LEIA O VERSO SEGUINTE, OBSERVE A PALAVRA EM DESTAQUE E RESPONDA ÀS QUESTÕES.

DIGA ADEUS E VÁ EMBORA

A) QUE OUTRAS EXPRESSÕES PODEMOS USAR AO NOS DESPEDIRMOS DE ALGUÉM?

_____

B) AO CHEGARMOS A UM LUGAR, DE QUE MODO PODEMOS SAUDAR AS PESSOAS?

_____

C) QUE EXPRESSÕES PODEMOS USAR PARA PEDIR ALGO A ALGUÉM?

_____

LÍNGUA: GRAMÁTICA

ALFABETO

PARA ESCREVER, USAMOS AS 26 LETRAS QUE FORMAM O ALFABETO.

1 COMPLETE O QUADRO COM AS LETRAS QUE FALTAM NO ALFABETO.

A	B		D	E			H		J
K		M		O	P		R	S	
		U		W			Z		

2 OBSERVE AS LETRAS E O QUADRINHO COLORIDO AO LADO DE CADA UMA DELAS.

A 🟨   E 🟩   I 🟦
O 🟪   U 🟥

A) PINTE, NO QUADRO A SEGUIR, AS LETRAS QUE VOCÊ OBSERVOU USANDO AS CORES CORRESPONDENTES.

H	M	E	B	D	U	E	T	H	I
S	A	C	O	F	S	K	O	G	Y
X	R	O	G	J	E	L	L	Z	A
I	D	F	T	A	P	B	I	U	M
N	U	L	J	D	R	T	K	V	B
A	Q	W	E	R	A	T	I	Y	O
S	D	F	I	G	H	J	K	L	Z
U	X	A	C	E	V	O	B	U	N

B) QUAL OU QUAIS DESSAS LETRAS APARECEM EM SEU NOME?
_____

C) ESCOLHA OUTRA COR E PINTE, NO QUADRO, AS OUTRAS LETRAS QUE FORMAM SEU NOME.

3 ALGUMAS LETRAS DO ALFABETO SÃO CHAMADAS **VOGAIS**. COMO SÃO CHAMADAS AS OUTRAS?

4 ESCOLHA UM NOME PARA AS CRIANÇAS DAS FOTOGRAFIAS. CADA NOME ESCOLHIDO DEVE COMEÇAR COM UMA DESSAS LETRAS: **K, W, Y**.

A)

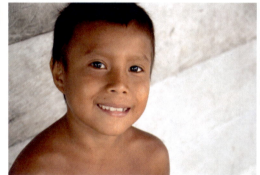

_____

B)

_____

C)

_____

8

5 REESCREVA, COM LETRA CURSIVA, A ESTROFE DA LETRA DA CANTIGA "CIRANDA, CIRANDINHA" EM QUE APARECE A PALAVRA **ANEL**.

> **ESTROFE** É O GRUPO DE VERSOS QUE FORMAM UM POEMA OU UMA CANÇÃO. ESSA CANTIGA É FORMADA POR TRÊS ESTROFES.

_____

_____

_____

_____

_____

6 RELEIA OS VERSOS A SEGUIR.

> POR ISSO, **DONA MARIA**,
> FAÇA O FAVOR DE ENTRAR NA RODA

A) QUAIS PALAVRAS ESTÃO DESTACADAS? COPIE-AS.

_____

B) O NOME DE PESSOA INDICA UM HOMEM OU UMA MULHER?

_____

C) SE VOCÊ FOSSE ENTRAR NA RODA, QUAIS PALAVRAS SERIAM USADAS?

_____

7 ESCREVA O NOME DE SUA ESCOLA COM:

A) LETRA BASTÃO;

_____

B) LETRA CURSIVA.

_____

O POEMA QUE VOCÊ LERÁ É SOBRE UM PAI ENGRAÇADO. COMO SERÁ ELE?

O MEU PAI É ENGRAÇADO...

MEU PAI CONTA O QUE FAZIA
QUANDO ELE ERA CRIANÇA
EU NÃO SEI SE É VERDADE
OU SOMENTE SE É LEMBRANÇA.

SEMPRE CONTA QUE NÃO TINHA
INTERNET, CELULAR
NÃO ENTENDO COMO ELE
CONSEGUIA CONVERSAR.

ELE TINHA UMA VITROLA
EM VEZ DE TER UM CD
E UM TAL VIDEOCASSETE
NO LUGAR DO DVD.

NÃO ENTENDO POR QUE DIZ
QUE HOJE TUDO É DIFERENTE
JÁ EU ACHO A MESMA COISA
O PASSADO E O PRESENTE.

MEU PAI DISSE QUE SONHAVA
O QUE EU TENHO SONHADO
E SE O SONHO É O MESMO
O QUE PODE TER MUDADO?

CÉSAR OBEID. *CRIANÇA POETA: QUADRAS, CORDÉIS E LIMERIQUES.*
SÃO PAULO: EDITORA DO BRASIL, 2011. P. 8.

1 O PAI CONTA AO FILHO COISAS DE QUE ÉPOCA DE SUA VIDA? PINTE A ALTERNATIVA CORRETA.

A) DE QUANDO ELE COMEÇOU A TRABALHAR.

B) DE QUANDO ELE ERA CRIANÇA.

C) DE QUANDO ELE SE CASOU.

2 OBSERVE AS IMAGENS.

APARELHO PARA TOCAR DISCOS (VITROLA), DÉCADA DE 1970.

APARELHO PARA TOCAR CD, DÉCADA DE 1980.

- COM O TEMPO, A VITROLA FOI SUBSTITUÍDA POR OUTROS APARELHOS, COMO OS QUE TOCAM CD. RECORTE E COLE IMAGENS DE OUTRAS INVENÇÕES QUE PODEM FACILITAR A VIDA DAS PESSOAS E QUE MUDARAM COM O PASSAR DOS ANOS.

3 PINTE O(S) QUADRINHO(S) COM O TÍTULO DO TEXTO QUE:

A) FOI ESCRITO COM VERSOS.

> **VERSO** É CADA LINHA DE UMA LETRA DE CANTIGA OU DE UM POEMA. PODE RIMAR OU NÃO COM OUTRO VERSO.

- CIRANDA, CIRANDINHA
- O MEU PAI É ENGRAÇADO...

B) APRESENTA RIMA.

> **RIMA** É A COMBINAÇÃO DO SOM DO FINAL DAS PALAVRAS DOS VERSOS. EXEMPLOS: CIRAND**AR** RIMA COM D**AR**, SONH**ADO** RIMA COM MUD**ADO**.

- CIRANDA, CIRANDINHA
- O MEU PAI É ENGRAÇADO...

C) FOI ESCRITO POR CÉSAR OBEID.

- CIRANDA, CIRANDINHA
- O MEU PAI É ENGRAÇADO...

D) É UMA CANTIGA.

- CIRANDA, CIRANDINHA
- O MEU PAI É ENGRAÇADO...

E) CONTA UMA HISTÓRIA.

- CIRANDA, CIRANDINHA
- O MEU PAI É ENGRAÇADO...

4 CIRCULE NO TEXTO CADA ESTROFE QUE FORMA O POEMA "O MEU PAI É ENGRAÇADO...".

5 NA PRIMEIRA ESTROFE, AS PALAVRAS QUE RIMAM SÃO **CRIANÇA** E **LEMBRANÇA**. COPIE AS PALAVRAS QUE RIMAM:

A) NA SEGUNDA ESTROFE;

_____

B) NA QUARTA ESTROFE;

_____

C) NA QUINTA ESTROFE.

_____

LÍNGUA: ORTOGRAFIA

LETRAS MAIÚSCULAS E MINÚSCULAS

1 ESCREVA O NOME DE DOIS AMIGOS UTILIZANDO LETRAS CURSIVAS.

- AMIGO 1: _____.
- AMIGO 2: _____.

2 ESCREVA O QUE AS PLACAS INDICAM.

A)

Vectors1/Shutterstock.com

B)

Mrashidiisa/Shutterstock.com

_____ _____

_____ _____

_____ _____

3 ESCREVA AO LADO DAS ILUSTRAÇÕES AS PALAVRAS QUE ESTÃO NAS PLACAS. UTILIZE LETRA CURSIVA E OBSERVE QUANDO VOCÊ DEVE USAR A LETRA MAIÚSCULA OU MINÚSCULA.

A)

B)

C)

D)

POEMA

1 COPIE O TÍTULO DO POEMA QUE EXPLICA O QUE O PAI FAZIA E DEIXA O FILHO SEM ENTENDER BEM O QUE ACONTECE.

_____

2 O TÍTULO DO POEMA DIZ QUEM É ENGRAÇADO, ISTO É, O PERSONAGEM.
- ESCREVA A PALAVRA DO TÍTULO QUE INDICA ESSE PERSONAGEM.

_____

3 CONVERSE COM PESSOAS DE SUA CONVIVÊNCIA SOBRE PALAVRAS QUE PODEM SER EMPREGADAS PARA INDICAR PERSONAGENS, COMO **PAI**.
- ESCREVA-AS A SEGUIR.

_____
_____

4 ESCOLHA UMA PALAVRA QUE INDIQUE OUTRO PERSONAGEM PARA REESCREVER O POEMA.

_____

5 LEIA O POEMA EMPREGANDO A PALAVRA ESCOLHIDA.

A) OBSERVE AS PALAVRAS QUE DEVEM SER SUBSTITUÍDAS QUANDO VOCÊ USAR A QUE ESCOLHEU.

B) ANOTE-AS A SEGUIR.

_____
_____

6 NA PÁGINA 16, CRIE SEU POEMA ESCOLHENDO UM TÍTULO E COLOCANDO A PALAVRA ESCOLHIDA NOS ESPAÇOS INDICADOS.

15

TÍTULO: _____

_____ CONTA O QUE FAZIA
QUANDO _____ ERA CRIANÇA
EU NÃO SEI SE É VERDADE
OU SOMENTE SE É LEMBRANÇA.

SEMPRE CONTA QUE NÃO TINHA
INTERNET, CELULAR
NÃO ENTENDO COMO _____
CONSEGUIA CONVERSAR.

_____ TINHA UMA VITROLA
EM VEZ DE TER UM CD
E UM TAL VIDEOCASSETE
NO LUGAR DO DVD.

NÃO ENTENDO POR QUE DIZ
QUE HOJE TUDO É DIFERENTE
JÁ EU ACHO A MESMA COISA
O PASSADO E O PRESENTE.

_____ DISSE QUE SONHAVA
O QUE EU TENHO SONHADO
E SE O SONHO É O MESMO
O QUE PODE TER MUDADO?

7 RELEIA SEU POEMA E VERIFIQUE SE VOCÊ SUBSTITUIU TODAS AS PALAVRAS NOS LOCAIS NECESSÁRIOS. SE PRECISAR, REESCREVA-O.

8 PRONTO! AGORA É HORA DE LER SEU POEMA PARA SEUS FAMILIARES E OUTRAS PESSOAS DE SUA CONVIVÊNCIA.

CAPÍTULO 2

Leia o texto sobre um carrinho diferente que usa carinho como combustível.

O carrinho movido a carinho

[...]
— Mas por que suas rodas não vão para frente nem para trás? Olha, carrinho, se não funcionar agora, eu não vou mais gostar de você. Nunca mais vai dormir no meu quarto.

[...]
O carrinho queria dizer que adoraria receber carinho, mas não ia pedir. O bom é ganhar carinho, senão perde a graça. Então, o carrinho disfarçou e nada disse.

Como ficou sem resposta, o menino pensou, pensou e chegou à conclusão de que, talvez, o carrinho estivesse precisando encher o tanque com afeto. Por isso olhou com carinho para seu carrinho e falou:

— Venha cá.

O carrinho piscou as lanternas e foi se ajeitar no colo do menino.
[...]

Jonas Ribeiro. *O carrinho movido a carinho*. São Paulo: Elementar, 2014. p. 11 e 21-24.

1 Marque **X** na resposta correta. O menino está:

a) ☐ conversando com o carrinho.

b) ☐ brincando com o carrinho.

2 Observe as duas fotografias.

☐   ☐

a) Marque um **X** na fotografia que se relaciona ao texto *O carrinho movido a carinho.*

b) O que você considerou para escolher a fotografia? Marque com um **X** as frases adequadas.

- ☐ Carros precisam ser abastecidos, isto é, é necessário colocar combustível no tanque.

- ☐ Carros têm um compartimento em que deve ser colocado sabão.

- ☐ A palavra **tanque** indica objetos diferentes: tanque para lavar roupas e tanque de veículos, no qual é colocado combustível.

c) Copie da frase do texto a expressão que corresponde a "colocar toda quantidade de combustível que couber".

> [...] o menino pensou, pensou e chegou à conclusão de que, talvez, o carrinho estivesse precisando encher o tanque com afeto.

3 Pinte a resposta correta. Para o carrinho funcionar, afinal, o que o menino deveria fazer?

a) Encher o tanque do carrinho com afeto.

b) Encher o tanque do carrinho com gasolina.

4 Se fosse um carro de verdade, seria possível encher o tanque com "afeto"?

a) ☐ Sim.   b) ☐ Não.

Língua: **Gramática**

Sinais de pontuação: uso do travessão —

O travessão é um sinal de pontuação. Ele é usado nos diálogos para indicar a fala dos personagens.

Lembre-se: quando houver diálogo em um texto, antes do travessão haverá dois-pontos **:**.

Exemplo:

"Por isso olhou com carinho para seu carrinho e falou**:**

— Venha cá."

1 Reescreva os trechos para transformá-los em diálogos.

a) Pedrinho disse a sua mãe que precisava fazer um trabalho sobre o uso consciente da água e a mãe respondeu que poderia ajudá-lo depois do jantar.

_____

_____

_____

_____

b) Dona Margarida perguntou ao feirante se tinha rúcula e ele respondeu que sim.

_____
_____
_____
_____

c) A Cigarra contou à Formiga que estava passando fome e frio e a Formiga afirmou que lhe daria abrigo.

_____
_____
_____
_____

2 Observe as imagens de animais a seguir.

Agora escolha dois desses animais e elabore um diálogo entre eles.

_____

_____

_____

_____

_____

_____

_____

Ordem alfabética

1 Organize as letras em ordem alfabética no quadro a seguir.

D G J L E M P I B K C F A X

O H Q Z S V U T W N Y R

2 Escreva na prancheta da treinadora o nome das jogadoras da primeira fileira em ordem alfabética.

3 Os nomes Carolina e Camila começam com a mesma letra. Qual deles a técnica escreverá primeiro? Por quê?

_____
_____

4 Escreva o primeiro nome de seus colegas de turma em ordem alfabética.

Dica: se houver nomes repetidos, escreva também o 2º nome ou o sobrenome.

_____
_____
_____
_____
_____

Você já imaginou do que brincavam seus familiares mais velhos quando eles eram crianças? Leia o texto sobre brincadeiras de outros tempos.

Houve um tempo...

Houve um tempo em que celular não era brinquedo
E o mundo era muito maior que seu apartamento
Brincar na rua era o maior divertimento
[...]

Houve um tempo em que brinquedo era pião
Se enrolava com a **fieira** e se girava até na mão
Para cima ou para baixo, não importava a direção

Houve um tempo em que brinquedo era corda
Salada saladinha, um homem bateu em minha porta
Pular bem rapidinho no final é que importa

Houve um tempo em que brinquedo era bola de gude
Quem tirava mais do círculo ganhava com atitude
Contar com uma boa mira era a maior **virtude**
[...]

Fieira: corda utilizada para enrolar o pião.
Virtude: característica boa de um indivíduo.

Bruno Freitas Oliveira. *Houve um tempo...*
São Paulo: Marca Página, 2015. p. 6 e 9-11.

1 Observe as fotografias da página 25, recorte-as e cole-as no espaço correspondente.

Brinquedo	Não é brinquedo

25

2 Leia as frases e marque a que está de acordo com o poema.

a) ☐ Um personagem fala sobre brinquedos e brincadeiras.

b) ☐ Os brinquedos e as brincadeiras são citados e não há um personagem que está brincando.

3 No primeiro verso, a expressão "Houve um tempo" refere-se ao:

a) ☐ passado.   b) ☐ presente.   c) ☐ futuro.

4 De acordo com o poema, qual destes objetos não é um brinquedo? Pinte-o.

5 Responda às questões de acordo com o poema.

a) Qual é o melhor lugar para brincar?

_____

b) O que é mais importante quando se pula corda?

_____

c) Qual é a maior virtude para quem joga bola de gude?

_____

Língua: Ortografia

Letras cursivas

1 Observe as letras que estão em cada quadro e escreva-as com letra cursiva.

A a	M n	J j
_____	_____	_____

D d	B b	E e
_____	_____	_____

2 Escreva o nome de um animal que comece com cada uma destas letras. Use letra cursiva.

R _____

T _____

3 Dê um nome a cada cachorro. Escreva os nomes com letra cursiva, nos espaços adequados.

Diálogo

No texto *O carrinho movido a carinho*, há uma conversa entre o menino e seu carrinho, isto é, um **diálogo** entre os personagens.

1 Escolha dois personagens — por exemplo, uma menina e seu *skate* ou um menino e sua corda — e elabore um diálogo entre eles.

Orientações importantes

- O diálogo deve apresentar um assunto, isto é, aquilo sobre o que os personagens conversam.
- Lembre-se de que o início da fala de cada personagem é marcado por um sinal, o travessão.

2 Releia o diálogo e verifique se são necessárias alterações como, por exemplo, deixar claro quem são os personagens, desenvolver o assunto e empregar o travessão.

CAPÍTULO 3

O que você levaria para uma ilha deserta? O texto que você lerá apresenta ideias muito divertidas.

Uma lâmpada com um gênio dentro

Que maravilha!
Eu e um gênio
numa ilha.

Vou pedir
Um desejo por dia.

Hoje quero uma pizzaria.
Amanhã, uma padaria.
Depois, um iate,
Um bolo de chocolate.
A seguir, um elefante,
Uma caixa de refrigerante.

E assim por diante.

Uma televisão
E arroz com feijão.
Uma camisa bonita
E batata frita.

Uma escova de dente
E cachorro-quente.

Uma panela de brigadeiro
E um banheiro!

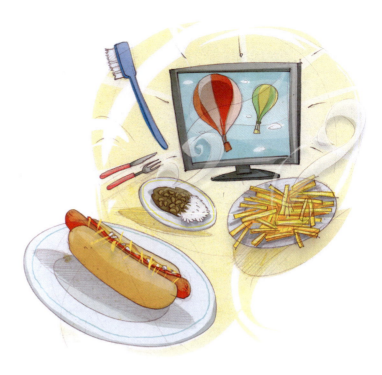

Lalau e Laurabeatriz. *O que levar para uma ilha deserta.*
São Paulo: Leya, 2011. p. 8.

1 Quantos pedidos o personagem pretende fazer ao gênio, no total?
_____
_____

2 Releia o trecho a seguir e marque a resposta correta com um **X**.

> Que maravilha!
> Eu e um gênio
> numa ilha.

- O personagem está: ☐ triste. ☐ feliz.

3 Responda. O que o personagem quer

a) hoje?
_____

b) amanhã?
_____

31

4 Complete as lacunas para formar frases. Observe o modelo.

> O açougue vende carne.

a) A peixaria vende _____.

b) Na sorveteria compramos _____.

c) Na farmácia vende-se _____.

5 Copie do texto três nomes de alimentos.

_____

6 Qual destes animais é citado no texto? Pinte-o.

Sinais de pontuação

Relembre alguns sinais de pontuação.

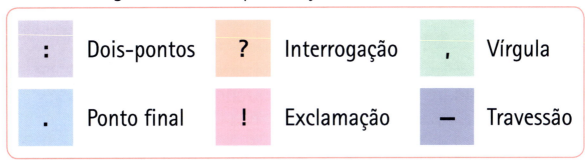

1. Circule, no poema, os sinais de pontuação.

2. Que sinais de pontuação do quadro acima não apareceram no poema? Escreva-os nos espaços a seguir.

☐ ☐ ☐

3. Reescreva o verso de acordo com o que se pede.

Hoje quero uma pizzaria.

a) Como se fosse uma pergunta.

_____

b) Como se estivesse admirado com isso.

_____

4. Pontue as frases utilizando os seguintes sinais:

. ! ?

a) Você tem ou já teve um diário
b) Amanhã é seu aniversário
c) Não é permitido estacionar

33

5 Leia a tirinha.

- Essa tirinha é formada por três quadrinhos. Em qual deles Mônica faz uma pergunta?

    a) ☐ Mônica faz uma pergunta no primeiro quadrinho.

    b) ☐ Mônica faz uma pergunta no terceiro quadrinho.

6 A qual objeto Mônica faz a pergunta?

_____

- Mônica obteve resposta? Em qual quadrinho isso pode ser percebido? Leia as explicações e marque a resposta mais adequada.

    a) ☐ Mônica não obteve resposta. Isso pode ser percebido no primeiro quadrinho.

    b) ☐ O espelho respondeu à pergunta de Mônica. Isso pode ser percebido no segundo quadrinho.

    c) ☐ O espelho não respondeu à pergunta de Mônica. Isso pode ser percebido no segundo e no terceiro quadrinhos.

7 Circule o que Mônica fala no terceiro quadrinho.

- Para reescrever o que Mônica fala nesse quadrinho e manter o sentido, que frases poderiam ser usadas? Assinale as alternativas adequadas.

    a) ☐ Quem cala concorda!

    b) ☐ Quem cala aprova!

    c) ☐ Quem cala não está de acordo!

Receita

A seguir, leia uma receita diferente.

Receita de meleca de mentirinha
Ingredientes
1/2 xícara de água
3 envelopes de gelatina de limão
1 bocado de **glucose de milho**
1 adulto
Preparo
Peça a um adulto que ferva a água e depois despeje essa água quentona numa vasilha e adicione os envelopes de gelatina. Deixe a mistureba ali tranquilamente por uns dois, três minutinhos, e só então peça que o adulto mexa bem a coisa com um garfo.
Agora você pode ajudar acrescentando aos pouquinhos a glucose de milho. O adulto, enquanto isso, vai mexendo com o garfo até vocês notarem que a consistência já está igualzinha à de uma melequilda escorrenta. Basta levantar um pouquinho da mistura com o garfo para terem uma boa ideia do jeitão do catarro que estão fazendo. Se estiver grosso demais, peça que o adulto coloque um pouco mais de água fervente.

Fátima Mesquita. *Em busca da meleca perdida*. São Paulo: Panda Books, 2011. p. 31.

Glucose de milho: açúcar extraído do milho, com aparência de mel.

1 Faça a correspondência entre a ação e quem pode executá-la.

a) ADULTO

b) CRIANÇA

Ferver a água.

Despejar a água na vasilha.

Acrescentar glucose de milho.

Mexer a mistura com um garfo.

2 Releia a primeira parte da receita.

> **Receita de meleca de mentirinha**
>
> **Ingredientes**
> 1/2 xícara de água
> 3 envelopes de gelatina de limão
> 1 bocado de glucose de milho
> 1 adulto

- Quais palavras parecem "estranhas" nesse texto, isto é, não são comuns em receitas? Dica: são três palavras... Escreva-as na vasilha a seguir.

3 Agora leia a expressão e frases retiradas da segunda parte da receita. Escreva **1** se a expressão ou a frase apresentar palavras comuns em uma receita; ou escreva **2** se houver palavras "estranhas". Circule as palavras "estranhas".

a) ☐
Preparo
Peça a um adulto que ferva a água [...].

b) ☐
[...] água quentona [...]

c) ☐
[...] Deixe a mistureba ali tranquilamente por uns dois, três minutinhos, e só então peça que o adulto mexa bem a coisa com um garfo.

d) ☐
[...] Se estiver grosso demais, peça que o adulto coloque um pouco mais de água fervente.

4 Considerando o que você observou e fez nas atividades 2 e 3, pinte a frase que informa as características do texto "Receita de meleca de mentirinha".

Ensina a fazer uma mistura para brincar e são empregadas somente palavras comuns em receitas.

Ensina a fazer uma mistura para brincar e são empregadas palavras que divertem o leitor; assim, durante a leitura e a execução, já começa a brincadeira.

Língua: Ortografia

A letra g

A letra **g** pode representar o som **gê**, como em **gelatina** e **mágico**. A letra **g** também pode representar o som **guê**, como em **garfo**, **guerreiro**, **guitarra**, **goiaba** e **guloso**.

1 Leia as palavras e escreva-as no quadro correto.

garota – girafa – Guilherme – longe – Augusto
gente – goleiro – agora – foguete – guincho
Miguel – garrafa – preguiça – argila – gemada
goteira – guindaste – geladeira – Guto – canguru

Palavras em que a letra g representa som guê, como em garfo	Palavras em que a letra g representa som gê, como em gelatina

2 Leia as palavras de cada grupo e pinte aquela em que a letra **g** representa um som diferente do som das demais.

a) gaivota · gabinete · gemada · goteira

b) germe · girafa · girino · águia

c) guirlanda · garrafa · guichê · guerra

3 Observe as ilustrações. Escreva a sílaba que falta para completar cada palavra.

a) formi_____

b) fi_____rinhas

c) _____cho

d) má_____co

e) _____pardo

f) _____rassol

4 Complete o diagrama de acordo com as ilustrações.

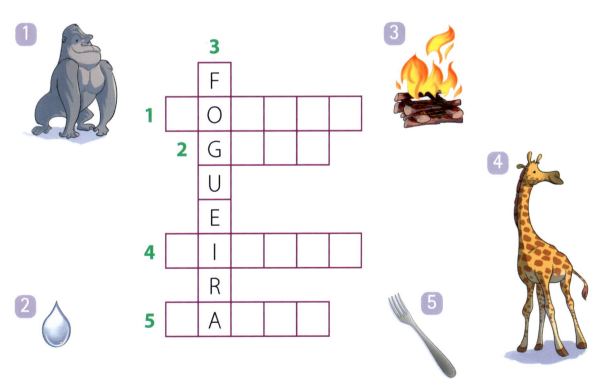

A cedilha (¸)

Quando a letra **c** recebe esse sinal (¸), passa a ter som de **s**. O nome desse sinal é **cedilha**.

1 Procure no diagrama seis palavras escritas com **ç**.

D	U	A	J	M	N	A	Ç	A	Í
T	P	A	Ç	O	C	A	K	X	U
F	W	H	O	R	V	Q	C	A	G
A	Ç	U	D	E	S	N	T	Ç	L
M	G	E	I	P	O	Ç	O	H	Z
B	A	C	U	P	U	A	Ç	U	T
H	U	M	A	Ç	A	N	E	T	A
C	O	R	A	Ç	Ã	O	J	R	R
A	K	T	C	I	M	H	X	U	S

2 Escreva as palavras que encontrou no diagrama.

_____
_____
_____

3 Pinte as vogais que podem vir depois de **ç**.

40

4 Leia o texto a seguir.

Traços traçados

[...]

Os dois traços foram traçados por um menino que gostava muito de desenhar trecos com muitas tramas.

[...]

E essa trança, trançada com outros tantos traços, deu trocentos troços traçados!

Januária Cristina Alves. *Traços traçados*. São Paulo: Leya, 2011. P.10-13 e 16.

a) Copie do texto as palavras com **ç**. As repetidas você não precisa copiar.

_____

_____

b) Circule, no texto, as palavras que começam com **tr**.

c) Tire a cedilha das palavras, observe o que acontece e complete as frases. Veja o modelo.

> A palavra **trança**, sem cedilha, vira **tranca**.

- A palavra **força**, sem cedilha, vira _____.
- A palavra **louça**, sem cedilha vira _____.

d) Troque as letras da palavra a seguir e veja as palavras que se formam.

> traço

- Troque **t** por **b**: _____.
- Na palavra formada, troque **ç** por **v**: _____.
- Na palavra formada acima, troque **b** por **c**: _____.

Receita

As receitas apresentam, geralmente, duas partes. A primeira indica os itens necessários para preparar um prato, elaborar uma brincadeira ou um objeto. Essa parte pode ser chamada de **Ingredientes**, **Materiais necessários** etc.

A segunda parte geralmente explica como devem ser realizadas as etapas da receita, ou seja, como utilizar os ingredientes ou materiais adequados. Essa parte pode receber o nome de **Preparo**, **Modo de fazer** ou **Como fazer**, entre outros.

As receitas também devem ter um título no qual é indicado o que será feito; por exemplo, no Texto 2, o título dado foi "Receita de meleca de mentirinha".

Agora é sua vez de escrever uma receita! A receita será de uma brincadeira com materiais "bem malucos" que você vai escolher.

1. Considere a brincadeira que será ensinada e elabore o título dela. Se preferir, crie o título depois de terminar toda a receita.

2. Elabore as partes da receita – **Materiais necessários** e **Modo de fazer**.

   a) Faça um rascunho, em folha avulsa.

   b) Lembre-se de que na parte **Materiais necessários** é apresentado tudo o que vai ser utilizado, e na parte **Modo de fazer** são escritas as etapas do que deve ser feito. Nessa parte são empregadas palavras como **faça**, **pegue** e **junte**.

   c) Como sua receita será de uma brincadeira com materiais bem malucos, você pode empregar palavras que indiquem ações malucas e divertidas!

   d) Releia seu texto e verifique se ele ensina em detalhes a brincadeira e se foram empregadas palavras que tornam o texto divertido.

e) Releia o título e veja se está de acordo com o texto. Se você ainda não o elaborou, escreva-o agora.

f) Reescreva a receita a seguir.

Título: _____

Materiais necessários

_____

_____

_____

_____

_____

_____

_____

Modo de fazer

_____

_____

_____

_____

_____

_____

_____

_____

_____

_____

_____

_____

_____

_____

CAPÍTULO 4

Leia o texto e veja como em um livro cabem muitas histórias.

Tem livro que tem

Era uma vez
três porquinhos,
uma bela adormecida,
uma boneca de pano,
um nariz que crescia,
uma bota de bode.

Era uma vez
uma casa assombrada,
um castelo de vidro,
um moleque maluquinho,
uma história de amor.

Era uma vez
uma bruxa encantada,
uma fada malvada,
um espião de gente.

Um lugar diferente,
uma casa de vó.

44

Uma casa de vó
que tinha o mistério...
... do livro que tem.
[...]

Fa Fiuza. *Tem livro que tem*. Belo Horizonte: Autêntica, 2011. p. 5-6, 8-9 e 11.

1 Pinte o personagem que não aparece no texto.

45

2 Que frase do poema "Tem livro que tem" lembra o início dos contos de fadas?

_____

3 Ordene as letras e descubra o que a "casa de vó" tem, de acordo com o poema, para ser diferente.

m t é i s i r o

___ ___ ___ ___ ___ ___ ___ ___

4 Em que lugar encontramos todos os elementos citados no texto? Pinte a ilustração que representa a resposta.

Sílabas

1 Releia dois versos do poema da página 44 e responda às questões.

> Um lugar diferente,
> uma casa de vó.

a) Qual palavra pode ser substituída pelas palavras avó ou vovó?
_____

b) Quais palavras começam com as mesmas letras?
_____

2 Observe as palavras a seguir.

> **Vó** → palavra formada por duas letras, com uma sílaba.
>
> **Avó** → palavra formada por três letras, com duas sílabas.
>
> **Vovó** → palavra formada por quatro letras, com duas sílabas.

• Complete as informações sobre as palavras **um** e **uma**.

a) um → palavra formada por _____ letras, com uma _____.

b) uma → palavra formada por _____ letras, com _____ sílabas.

3 Leia as palavras e separe-as em sílabas.

a) adormecida ☐ - ☐ - ☐ - ☐ - ☐

b) Alice ☐ - ☐ - ☐

c) Sol ☐

47

4 Responda às questões a seguir sobre a atividade 3.

a) Qual das palavras tem mais sílabas? _____.

b) Qual das palavras tem menos sílabas? _____.

5 Esta é a primeira estrofe do poema lido no começo do capítulo.

> **Era** uma **vez**
> **três** porquinhos,
> uma bela adormecida,
> uma boneca de **pano**,
> um nariz que crescia,
> uma bota de bode.

- Observe as palavras destacadas, escreva-as no espaço adequado e separe-as em sílabas.

Palavras formadas por três letras	_____ ☐ _____ ☐ - ☐
Palavras formadas por quatro letras	_____ ☐ _____ ☐ - ☐

6 Observe as palavras que você escreveu nos quadros da atividade 5, leia as frases a seguir e marque com um **X** a opção correta.

a) ☐ As palavras podem ter a mesma quantidade de letras, mas quantidade diferente de sílabas.

b) ☐ As palavras formadas pela mesma quantidade de letras têm a mesma quantidade de sílabas.

7 As palavras a seguir são formadas pela mesma quantidade de letras e de sílabas? Ligue a coluna da esquerda com a opção correta da coluna da direta.

- **de** e **que**

de e **que** → Palavras com uma sílaba e quantidade diferente de letras.

de e **que** → Palavras com uma sílaba e quantidade igual de letras.

8 Forme as palavras que dão nome às figuras juntando as sílabas a seguir. Escreva-as nas colunas e depois leia-as em voz alta. As sílabas podem ser usadas em mais de uma palavra.

Exemplo: ca ma → cama.

| ca | ma | sa | pa |
| me | la | to | po |

a)

b)

c)

d)

e)

f)

Conto (trecho)

A leitura e a imaginação nos levam para muitos lugares. Leia o conto para saber onde a imaginação de Alice a levou.

Alice viaja nas histórias

[...]

Muito de má vontade, Alice pegou na estante um velho livro de histórias com figuras.

Olhou a primeira página sonolenta, mas na segunda página já estava tão atenta como um caracol quando ele levanta as antenas.

Na terceira página, estava tão interessada que escorregou e caiu dentro do livro de cabeça e tudo.

A página estava toda ocupada pela figura da história da "Bela adormecida no bosque". Era Aurora que dormia, quem sabe há quantos anos, numa cama enorme toda coberta de flores.

[...]

A Bela Adormecida abriu um olho e, com uma voz fraquinha, perguntou:

50

— É o príncipe que chegou?

— Sou eu, Alice.

— Oh, mas isso está tudo errado! Eu estou esperando um príncipe que deve me acordar com um beijo. O que você tem a ver com a minha história?

[...]

Gianni Rodari e Anna Laura Cantone. *Alice viaja nas histórias*.
São Paulo: Biruta, 2007. p. 8-10, 14.

1 Como estava Alice no início da história?

a) ☐ Animada.

b) ☐ Curiosa.

c) ☐ Preguiçosa.

2 Qual personagem escorrega e cai dentro do livro?

_____

3 Quem é a princesa que está na página em que Alice cai?

_____

_____

4 Observe as partes do texto a seguir.

Alice viaja nas histórias

Gianni Rodari e Anna Laura Cantone. *Alice viaja nas histórias*.
São Paulo: Biruta, 2007. p. 8-10, 14.

a) Copie o nome dos autores da história.

_____

_____

b) Copie o título do texto.

_____

_____

5 Releia o trecho do texto a seguir.

Olhou a primeira página sonolenta, mas na segunda página já estava tão atenta como um caracol quando ele levanta as antenas.
Na terceira página, estava tão interessada que escorregou e caiu dentro do livro de cabeça e tudo.

- Escreva, nos espaços, as palavras que indicam como Alice estava durante a leitura.

    a) Enquanto lia a primeira página, Alice estava _____.

    b) Quando lia a segunda, ela estava _____.

    c) Na terceira página, Alice estava _____.

6 Alice também é personagem de outra história. Leia o trecho a seguir.

Alice no País das Maravilhas – Uma história de Lewis Carroll

Lewis Carroll

"Que graça tem um livro sem conversas ou figuras?" Foi o que Alice pensou ao espiar, por cima do ombro da irmã, o livro que ela estava lendo. A história de Alice começa assim [...].

Disponível em: <www.companhiadasletras.com.br/detalhe.php?codigo=40000>.
Acesso em: 26 nov. 2015.

a) De qual história Alice é personagem?

_____

_____

b) Circule o nome do autor da história.

c) Pinte o que Alice pensou.

d) No texto "Alice viaja nas histórias" é Alice quem está lendo um livro. Na história de Lewis Carroll, quem faz isso?

_____

_____

Língua: **Ortografia**

A letra r

1 Separe as palavras em sílabas.

a) escorregou ⬚ - ⬚ - ⬚ - ⬚

b) caracol ⬚ - ⬚ - ⬚

c) errado ⬚ - ⬚ - ⬚

2 Na divisão silábica, o que aconteceu com as palavras escritas com **rr**? Marque a resposta correta com um **X**.

a) ☐ As duas letras ficaram juntas na mesma sílaba.

b) ☐ As duas letras ficaram em sílabas separadas.

3 Complete as palavras com **r** ou **rr**.

a) ca_____oça

b) en_____olado

c) ba_____o

d) _____eino

e) beze_____o

f) ve_____uga

53

4 Nas palavras que você completou, as letras que vêm antes e depois de **rr** são:

a) ☐ vogais.

b) ☐ consoantes.

c) ☐ vogais e consoantes.

5 Pinte a palavra que não faz parte do grupo.

| arroz | rocambole | rosa | rainha |

6 Quais palavras serão formadas se um **r** for retirado? Siga o exemplo.

carro → caro

a) morro _____

b) carreta _____

c) carrinho _____

7 Leia as palavras do quadro e escreva-as na coluna correta.

touro – barata – carroça – jarra – jararaca
mureta – garrafa – pirraça – cachorro – padeiro

r entre vogais	rr entre vogais

Produção de texto

Conto

Você já deve ter ouvido e lido muitas histórias, não é verdade? No texto *Alice viaja nas histórias*, a personagem Alice vai parar no conto de fadas "A Bela Adormecida no bosque".

1. Você reescreverá uma história de seu jeito. Escolha uma das histórias a seguir.

   a) *Chapeuzinho Vermelho*

   c) *O Gato de Botas*

   b) *Pinóquio*

   d) *Cinderela*

2. O que Alice diria à Chapeuzinho Vermelho ou ao Pinóquio se fosse parar na história deles? O que aconteceria se ela encontrasse o Gato de Botas? E se ela visse a Cinderela?

3. Depois de ter escolhido a história, você vai reescrevê-la em seu caderno. Faça primeiro um rascunho.

4. Leia o rascunho e mude o que achar necessário. Em seguida, reescreva o texto no caderno.

5. Reescreva seu texto prestando atenção na organização da conversa entre os personagens e nos diálogos. Use dois-pontos e travessão, além de ponto de interrogação, ponto de exclamação e ponto final, quando necessários. Não se esqueça de dar um título para sua história.

CAPÍTULO 5

Texto 1

Conto (trecho)

Leia o texto a seguir e descubra como é divertido criar novos brinquedos.

Frederico Godofredo

Frederico Godofredo gostava das coisas pequenas: de brincar com besouros, de catar minhocas, de encontrar pedras de tamanhos variados.

[...]

Frederico Godofredo gostava também das coisas descartadas, dos brinquedos jogados fora, e até dos quebrados.

Com eles, ia montando coisas novas.

Uma vez, fez um **móbile** com pequenas peças de um carrinho velho, equilibrando tudo em fios e barbantes.

As coisas usadas, que para as outras crianças não tinham serventia, para ele eram matéria-prima de invenção: fazia **jangadas** com palitos de sorvete e, com panos velhos, fazia as velas.

Depois enchia uma bacia e soprava forte. Seu sopro virava vento.

[...]

Liana Leão. *Frederico Godofredo*. São Paulo: Elementar, 2010. p. 5, 8 e 11.

Jangada: embarcação usada para pesca, feita com troncos de árvore.
Móbile: objeto feito com materiais diversos que é pendurado e se movimenta pela ação do vento.

1 Responda às questões.

a) Quantos personagens fazem parte dessa história?

_____

b) Quem escreveu essa história?

_____

2 Marque um **X** na resposta correta. Frederico Godofredo gostava das coisas de que tamanho?

a) ☐ Pequenas.　　b) ☐ Médias.　　c) ☐ Grandes.

3 Encontre no diagrama o nome de dois animais de que Frederico Godofredo gostava.

R	B	O	D	I	H	Q	L	C	M
X	B	E	S	O	U	R	O	F	R
A	M	F	D	W	Z	H	E	T	R
I	E	S	S	R	A	J	E	K	K
M	I	N	H	O	C	A	M	F	P
G	U	D	C	P	L	K	G	H	A

• São eles:

_____

4 Pinte o que Frederico usava para criar coisas novas.

a) Coisas descartadas.

b) Material de construção.

c) Brinquedos jogados fora ou quebrados.

d) Presentes de que não gostava.

5 Faça a correspondência entre o que Frederico construiu e o material usado para isso.

I. móbile II. jangada

a) ☐ palitos de sorvete

b) ☐ peças de um carrinho velho

c) ☐ fios e barbantes

d) ☐ panos velhos

6 Qual destas cenas acontece na história? Pinte-a.

7 Escolha uma das palavras do quadro que combine com Frederico Godofredo e complete a frase.

dorminhoco – criativo – bravo – preguiçoso

• Frederico Godofredo era um menino _____.

8 Você já criou algum brinquedo novo com materiais descartados ou até mesmo com brinquedos quebrados? Descreva qual material você usou.

_____

_____

_____

Língua: **Gramática**

Tipos de frase

1 Leia, agora, estas frases, relacionadas ao Texto 1.

> O título do texto é formado pelo nome do personagem.

> Quem é o autor do texto?

> Nossa, Frederico Godofredo montava cada coisa tão legal!

> Frederico Godofredo não desperdiçava material usado.

a) No final de cada frase foi empregado um sinal de pontuação. Circule-os.

b) Em qual frase foi empregada a palavra **não**? Faça um **X** nela.

As frases podem indicar uma declaração, uma interrogação ou uma exclamação e são classificadas como declarativas, interrogativas ou exclamativas.

O sinal de pontuação indica o tipo da frase.

A frase pode ainda ser afirmativa ou negativa. As palavras **não**, **nunca**, entre outras, indicam que a frase é negativa.

2 Leia as frases e ligue, com um fio, cada uma à sua classificação.

a) Alguém viu o móbile que ele fez?

b) Eu adorei o presente!

c) Frederico Godofredo não cansava de observar o movimento dos peixes.

Frase declarativa.

Frase interrogativa.

Frase exclamativa.

3 Elabore frases declarativas como resposta para as perguntas e escreva-as nas linhas indicadas.

a) Num supermercado:

Funcionária:
_____
_____
_____
_____
_____
_____
_____

b) Numa loja:

Vendedora:
_____
_____
_____
_____
_____
_____
_____

c) Numa roda de amigos:

Amigo:
_____
_____
_____
_____
_____
_____
_____

4 Organize as palavras e os sinais de pontuação de cada quadro para formar as frases solicitadas.

> um ontem de livro maravilhoso ! terminei ler

> estão tão que todos quietinhos ? por

> notas divulgadas serão as amanhã .

a) Uma frase interrogativa.
___
___

b) Uma frase afirmativa.
___
___

c) Uma frase exclamativa.
___
___

5 Escreva no balão a frase mais adequada para a situação.
Dica: use frases interrogativas.

61

Texto 2

Passo a passo

Podemos fazer música usando diferentes objetos. Veja como criar seu próprio instrumento musical.

Chocalho de sucata

Materiais

Você vai precisar de:
- 2 potinhos de Yakult ou iogurte
- 1 rolo de fita-crepe
- 1 tesoura sem ponta
- folhas de revistas velhas
- cola branca líquida
- sementes (arroz, feijão ou milho)
- ajuda de um adulto

1º passo

Coloque as sementes dentro de um dos potinhos e coloque o outro em cima para fechar.

2º passo

Passe a fita-crepe na junção dos dois potinhos para selar bem.

3º passo

Recorte alguns pequenos pedaços bem coloridos de folhas de revista velha (aproximadamente 2 cm cada pedaço). Peça ajuda e autorização a um adulto para recortar as folhas.

4º passo

Passe um pouco de cola em cada pedaço de papel cortado e vá colando nos potinhos já unidos até eles ficarem bem coloridos. Pronto, o seu chocalho já está pronto! Agora é só chamar os amigos e cantar uma música, acompanhando-a com o chocalho.

"Chocalho de sucata", UOL Crianças Atividades.
Disponível em: <http://criancas.uol.com.br/album/chocalho_passoapasso_album.jhtm>.
Acesso em: 20 jan. 2016. FOLHAPRESS.

1 Leia as palavras a seguir e escreva-as nas lacunas para formar a frase relacionada ao texto.

> passos – título – Materiais

O _____ do texto é "Chocalho de sucata". Esse texto é formado por duas partes: a primeira se chama _____, e a segunda apresenta os _____ (1º passo, 2º passo, 3º passo e 4º passo).

2 Marque as afirmações verdadeiras sobre o texto "Chocalho de sucata".

a) ☐ O texto não apresenta personagens.

b) ☐ No texto há palavras que indicam o que deve ser feito: "coloque", "passe", "recorte", "peça", "passe" e "vá colando".

c) ☐ No texto há expressões que indicam o que o personagem faz: "brincar com besouros", "catar minhocas" e "encontrar pedras", por exemplo.

d) ☐ O texto apresenta materiais e etapas para fazer um instrumento musical com sucata.

e) ☐ No texto há palavras que indicam o que pode ser feito com sucata: jangada e móbile.

3 Releia este passo e observe o que está destacado.

> 1º passo
> Coloque as sementes dentro de um dos potinhos e coloque o outro em cima **para fechar.**

a) Marque um **X** na frase correta.

- ☐ A expressão destacada indica o que deve ser feito.
- ☐ A expressão destacada indica a finalidade, isto é, o resultado que se pretende (os potinhos ficarem fechados, juntos).

b) Releia o 2º e o 3º passo e circule a finalidade deles.

4 Este é o texto do 4º passo:

> Passe um pouco de cola em cada pedaço de papel cortado e vá colando nos potinhos já **unidos** até eles ficarem bem coloridos.

• Circule a palavra que pode substituir o termo "unidos".

> amassados – furados – juntos

5 Releia a parte **Materiais** e circule o que é desnecessário para fazer o chocalho.

a) cartolina branca e cartolina colorida

b) potinhos

c) fita-crepe

d) tesoura sem ponta

e) grampeador

f) cola branca líquida

g) algodão

h) sementes (arroz, feijão ou milho)

i) linha branca

j) ajuda de um adulto

Língua: Ortografia

A letra s

1 Leia as palavras do quadro e circule a letra **s**. Depois faça o que se pede nos itens **a**, **b** e **c**.

potinhos	sucata	sem
revistas	precisar	semente
tesoura	música	pedaços
só	folhas	coloridos

a) Pinte os quadrinhos conforme a orientação a seguir.

🟦 Se a letra **s** for a primeira da sílaba.

🟩 Se a letra **s**, no final da palavra, indicar plural.

b) Copie as palavras em que o **s** está entre vogais.

_____

c) Copie a palavra com **s** antes de uma consoante.

_____

2 Troque as estrelas por letras, conforme a legenda, e escreva as palavras formadas.

★ s   ⭐ ss

a) ca★a   c) a⭐ombração   e) pen★amento

_____   _____   _____

b) pe⭐oa   d) pe★ado   f) ma⭐agem

_____   _____   _____

65

3 Escreva palavras para completar o quadro.

s inicial	s entre vogais	ss entre vogais

4 Leia o trava-línguas.

Sabiá sambou com o sapo
Lá na sombra do sobrado
O saci enciumado
Ensaboou o salão
Sapo levou um sopapo
Sabiá caiu no chão

Rosinha. *ABC do trava-língua*. São Paulo: Editora do Brasil, 2012. p. 22.

a) Circule as palavras com **s**.

b) Observe as palavras que você circulou e, considerando a posição da letra **s**, copie a palavra "diferente".

_____

c) Marque a frase que explica por que essa palavra é "diferente".
- ☐ A letra **s** está no início dessa palavra e nas outras palavras está no final.
- ☐ A letra **s**, nessa palavra, vem depois de consoante.

66

Produção de texto

Passo a passo

Você leu um texto que dá instruções sobre como fazer um chocalho com sucata. Agora, você irá transpor esse texto, mas sem copiar: você vai colá-lo. Para isso, siga as indicações:

1. Releia o texto e observe, novamente, como ele está organizado, isto é, quais são suas partes.

2. Recorte os quadros a seguir e, em folhas avulsas, cole cada um deles na ordem em que formam o texto.

3. Elabore um nome para a parte que apresenta os passos. Escreva esse nome na folha, antes do quadro com o 1º passo.

4. Antes de colar, verifique no texto em qual posição fica o trecho que está nele. Isso é muito importante!

Materiais
Você vai precisar de:

3º passo

Recorte alguns pequenos pedaços bem coloridos de folhas de revista velha (aproximadamente 2 cm cada pedaço). Peça ajuda e autorização a um adulto para recortar as folhas.

Disponível em: <http://criancas.uol.com.br/album/chocalho_passoapasso_album.jhtm>.
Acesso em: 20 jan. 2016.

1º passo

67

Coloque as sementes dentro de um dos potinhos e coloque o outro em cima para fechar.

Chocalho de sucata

- 2 potinhos de Yakult ou iogurte
- 1 rolo de fita-crepe
- 1 tesoura sem ponta
- folhas de revistas velhas
- cola branca líquida
- sementes (arroz, feijão ou milho)
- ajuda de um adulto

2º passo

Passe a fita-crepe na junção dos dois potinhos para selar bem.

4º passo

Passe um pouco de cola em cada pedaço de papel cortado e vá colando nos potinhos já unidos até eles ficarem bem coloridos. Pronto, o seu chocalho já está pronto! Agora é só chamar os amigos e cantar uma música, acompanhando-a com o chocalho.

CAPÍTULO 6

Texto 1

Cartaz

O texto que você lerá é formado por palavras e imagens. Leia o texto e observe como essas duas linguagens se completam.

1 Sobre o que fala o cartaz?

_____
_____

2 Quais são as instituições responsáveis pelo cartaz?
_____
_____

3 Observe os quadros e escreva se o que há em cada um são **palavras** ou **imagens**.

Quadro 1

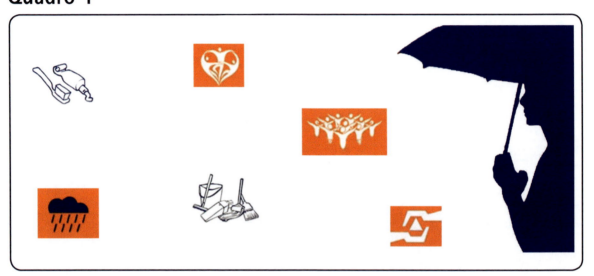

- Nesse quadro aparecem as _____ usadas no cartaz.

Quadro 2

- Nesse quadro aparecem as _____ usadas no cartaz.

4 Circule, nos quadros da atividade 3, a imagem e a palavra relacionadas à chuva.

72

5 Esta imagem indica um dos responsáveis pela elaboração do cartaz.

- Marque com um **X**, nos quadros 1 e 2 da atividade 3, as imagens e palavras que indicam os outros responsáveis pelo cartaz.

6 Qual é a maior imagem do texto?
_____

7 Onde ocorreram as chuvas?
_____

8 Nova Prata é um município do estado do Rio Grande do Sul. Em qual parte do texto há uma palavra relacionada a Rio Grande do Sul? Circule-a no quadro 2.

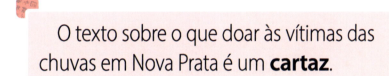

O texto sobre o que doar às vítimas das chuvas em Nova Prata é um **cartaz**.

9 Leia os itens a seguir e relacione-os com as palavras usadas no cartaz observando o significado de cada uma delas.

1. ceder, entregar

2. limpeza

3. pessoas que sofreram acidente

4. preferências

5. que não sofrem transformação, que demoram para estragar

a) ☐ doar   d) ☐ não perecíveis
b) ☐ higiene   e) ☐ prioridades
c) ☐ vítimas

73

10 Este é o título do cartaz. Reescreva-o usando as palavras do quadro.

SAIBA O QUE DOAR PARA AS VÍTIMAS DAS CHUVAS NO ESTADO:

entregar – pessoas que sofreram com as – Rio Grande do Sul

_____
_____
_____

Cartaz é um gênero textual que apresenta uma mensagem por meio de imagens e palavras escritas com letras grandes, de modo que possa ser lido a distância. O cartaz é exposto em local público para ser lido por diversas pessoas.

11 Copie do cartaz a palavra que está bem abaixo do título.

_____

12 Faça a correspondência entre as principais partes que formam o cartaz e a sua função:

a) imagens   Informações que o cartaz dá aos leitores.

b) palavras   Ilustrações ou fotos que completam a mensagem.

Língua: Gramática

Nomes próprios e nomes comuns

1. Observe as letras indicadas e escreva-as nos espaços para formar nomes próprios.

   a) N – P → ____ova ____rata (nome de cidade).

   b) R – G – S → ____io ____rande do ____ul (nome de estado).

   c) B → ____rasil (nome de país).

2. Pinte a frase correta sobre nomes próprios.

   a) As palavras que indicam nome próprio são escritas com inicial maiúscula.

   b) As palavras terminadas em vogal indicam nome próprio.

3. Escreva o nome do município onde você vive.

   _____

4. Escreva o nome do estado onde fica o município em que você vive.

   _____

5. Escreva o nome de sua escola e o de seu professor.

   a) Escola: _____

   b) Professor: _____

6 Escreva as palavras a seguir classificando-as em nome próprio ou comum.

> bicicleta – Filó – tomate – palmeira – gato
> Bélgica – boneca – Lobo Mau – fogueira – lagarto
> salsicha – Tietê – viola – Palmeiras – Edu
> Neymar – alface – Paris – Campinas – Quico

Nomes próprios	
Nomes comuns	

7 Complete as palavras com letras maiúsculas ou minúsculas.

a) ____arcelo

b) ____hocolate

c) ____uico

d) ____ergipe

e) ____ixi

f) ____loresta

8 Reescreva cada palavra do quadro iniciando com letra maiúscula, se for nome próprio, ou minúscula, se for nome comum.

> FILÓ – FORMIGUINHA – SÃO PAULO
>
> CHUVA – VAPOR – ATLÂNTICO

Artigo explicativo

Leia o texto sobre como se forma a chuva.

O ciclo da água

A água no estado líquido ocupa os oceanos, lagos, rios, açudes etc. De modo contínuo e lentamente, à temperatura ambiente, acontece a evaporação, isto é, a água passa do estado líquido para o gasoso.

Quanto maior for a superfície de exposição da água (por exemplo, um oceano ou nas folhas de árvores de uma floresta), maior será o nível de evaporação. Quando o vapor de água entra em contato com as camadas mais frias da **atmosfera**, a água volta ao estado líquido, isto é, gotículas de água ou até minúsculos cristais de gelo se concentram formando nuvens.

O vapor de água, quando resfriado, pode também formar a neblina (nevoeiro), ou seja, aquela "nuvem" que se forma perto do solo.

Ao se formar nas nuvens um acúmulo de água muito grande, as gotas tornam-se cada vez maiores, e a água se precipita, isto é, começa a chover. [...]

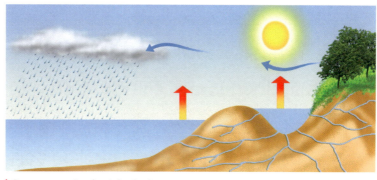

| Representação do ciclo da água.

O ciclo da água. *SóBiologia*. Disponível em: <www.sobiologia.com.br/conteudos/Agua/Agua5.php>. Acesso em: 15 jan. 2016.

Atmosfera: camada de ar que envolve o planeta Terra.

1 Onde é possível encontrar água em estado líquido, de acordo com o texto?

_____

_____

2 Em sua opinião, por que a chuva é importante?

_____

_____

3 Observe os símbolos a seguir e as palavras que cada um deles representa.

quando	para	a	do	o	gasoso.	estado	líquido	água	passa
⭐	🌼	✏️	🍃	🌙	🐞	🍎	⚽	☀️	❤️

Siga a sequência substituindo cada símbolo pela palavra correspondente a ele e complete a definição de evaporação.

Importante: a palavra seguida de ponto final (.) termina a frase.

⭐	✏️	☀️	❤️	🍃	🍎	⚽	🌼	🌙	🐞

A evaporação ocorre...

_____

4 Leia as frases e assinale aquela que descreve o que ocorre quando o vapor de água entra em contato com as camadas mais frias da atmosfera.

a) ☐ A água volta ao estado líquido, isto é, gotículas de água ou mesmo cristais de gelo minúsculos concentram-se e formam nuvens.

b) ☐ No estado líquido, a água ocupa açudes, lagos, rios e oceanos e, à temperatura ambiente, passa do estado líquido para o estado gasoso, isto é, transforma-se em vapor.

5 Releia o quarto parágrafo do Texto 2.

> O vapor de água, quando resfriado, pode também formar a neblina (nevoeiro), ou seja, aquela 'nuvem' que se forma perto do solo.

a) Sublinhe o trecho que explica a formação de neblina.

b) Circule o trecho que explica o que é neblina.

6 Escreva a palavra que falta para completar a informação sobre a chuva.

> Ao se formar nas nuvens um acúmulo de água muito grande, as gotas tornam-se cada vez maiores, e a água se precipita, isto é, começa a _____.

7 Represente com um desenho a informação sobre a precipitação de água, a chuva.

Língua: Ortografia

Duas letras e um só som: ch, lh, nh

1 Releia este trecho do texto "O ciclo da água".

> Quanto maior for a superfície de exposição da água (por exemplo, um oceano ou nas folhas de árvores de uma floresta), maior será o nível de evaporação.

a) Circule as palavras com a letra **l**.

b) Em qual palavra a letra **l** é seguida da letra **h**?

_____

2 Siga a legenda e escreva palavras com **lh, ch** ou **nh**.

a) boli ▧ e

b) formigui ▧ a

c) ▧ inelo

d) repo ▧ o

e) ▧ uva

f) pamo ▧ a

g) mura ▧ a

h) empadi ▧ a

i) pio ▧ o

j) ni ▧ o

3 Elabore uma frase em que haja duas palavras da atividade anterior.

_____

_____

_____

4 Leia a parlenda, circule as palavras com **nh**, **ch** e **lh** e depois responda às questões.

Fui passar na pinguelinha
Chinelinho caiu do pé
Os peixinhos reclamaram:
Que cheirinho de chulé!

Parlenda popular.

a) Quais palavras são escritas com **ch**?

_____

b) Quais palavras são escritas com **nh**?

_____

c) Quais palavras são escritas com **lh**?

_____

5 Acrescente a letra **h** após o **l** e forme palavras novas.

a) fila: _____

b) bola: _____

c) mola: _____

d) tela: _____

Produção de texto

Cartaz

Você conheceu, na leitura do Texto 1, as partes que formam um cartaz. Chegou a hora de fazer um! O assunto será a conservação da limpeza no banheiro da escola. Siga o roteiro.

1. Indique o assunto no título.

2. Escreva uma frase a respeito desse assunto.

3. Defina os responsáveis pela elaboração do cartaz; pode ser somente você, ou você, seu professor e a escola.

4. Escolha imagens para o cartaz. Você pode desenhá-las, recortá-las de revistas e folhetos ou pesquisá-las na internet, selecionar algumas e imprimi-las.

5. Antes de confeccionar o cartaz, planeje-o: pense no que você vai escrever, como vai dispor as frases e em qual posição ficarão as imagens. Faça um esboço, isto é, um desenho de como ele ficará. Faça, também, um rascunho das frases que vai usar para verificar se quer alterar alguma palavra.

6. Providencie uma cartolina e elabore o cartaz seguindo o esboço e o rascunho. Lembre-se de usar letras e imagens grandes!

Texto 1

Fábula

Leia a fábula sobre dois ratinhos, um que vive no campo e outro na cidade. O que eles vão descobrir?

O rato do mato e o rato da cidade

Um ratinho da cidade foi uma vez convidado para ir à casa de um rato do campo. ☐1

Vendo que seu companheiro vivia pobremente de raízes e ervas, o rato da cidade convidou-o a ir morar com ele: ☐

— Tenho muita pena da pobreza em que você vive — disse ele. — Venha morar comigo na cidade e você verá como lá a vida é mais fácil. ☐

Lá se foram os dois para a cidade, onde se acomodaram numa casa rica e bonita. ☐

Foram logo à despensa e estavam muito bem, comendo comidas **fartas** e gostosas, quando de repente entrou uma pessoa com dois gatos, que pareceram enormes ao ratinho do campo. ☐

Os dois ratos correram **espavoridos** para se esconder. ☐

— Eu vou para o meu campo — disse o rato do campo quando o perigo passou. — Prefiro minhas raízes e ervas na calma, às suas comidas gostosas com todo esse susto. ☐

Mais vale magro no mato, que gordo na boca do gato. ☐

> **Espavorido:** com muito medo.
> **Farto:** abundante, em grande quantidade.

Ruth Rocha. *Fábulas de Esopo*. Ilustrações Jean-Claude R. Alphen. Ed. ref. São Paulo: Moderna, 2010. p. 24-25.

1 O texto apresenta estas duas partes:

☐ **O rato do mato e o rato da cidade**

☐ Ruth Rocha. *Fábulas de Esopo*. São Paulo: Moderna, 2010. p. 24-25.

• Escreva 1 na parte que indica o nome da história e 2 na parte que apresenta o nome de quem escreveu a história.

2 Este é o primeiro parágrafo do texto:

Um ratinho da cidade foi uma vez convidado para ir à casa de um rato do campo.

• Volte ao texto e numere os parágrafos.

3 Identifique os ratinhos respondendo às questões.

a) Qual deles é convidado para ir a uma casa no campo?

_____

b) Qual deles vive de raízes e ervas?

_____

4 Releia o quinto parágrafo.

• Além dos ratinhos, quais outros personagens há na história?

_____

5 Cada um dos ratinhos tem uma sensação na casa do outro.

a) Qual ratinho teve sensação de pena, de dó?

_____

b) Qual ratinho teve medo?

_____

6 Releia o segundo parágrafo.

a) Copie a palavra que indica "ratinho do campo".

_____

b) Marque a frase correta:

- ☐ Essa palavra foi empregada para indicar que o ratinho da cidade é amigo do ratinho do campo, tem consideração por ele.

- ☐ Essa palavra foi empregada para indicar que o ratinho da cidade quer que o ratinho do campo leve um susto e fique com medo.

7 Pinte a expressão que indica onde se passa a história.

| na cidade | no campo | na cidade e no campo |

O texto "O rato do mato e o rato da cidade" é uma **fábula**. Apresenta a história de dois personagens que pensam de maneiras diferentes: um pensa que é melhor viver com fartura, o outro sem levar susto e sentir medo.

A maneira de pensar de um deles é apresentada em forma de ensinamento, no último parágrafo.

Língua: Gramática

Nomes masculinos e nomes femininos

1 Releia o primeiro parágrafo da fábula "O rato do mato e o rato da cidade" e observe as palavras destacadas:

Um **ratinho** da cidade foi uma vez convidado para ir à casa de um **rato** do campo.

a) Preencha os espaços abaixo com a letra **a** e forme a frase.

Um____ ratinh____ da cidade foi uma vez convid____ para ir à casa de uma rat____ do campo.

b) Leia as palavras e escreva-as na coluna adequada do quadro a seguir.

cidade – campo – pessoa – mato – gatos

Palavra masculina	Palavra feminina

2 Leia as palavras e pinte as femininas de amarelo e as masculinas de verde.

boi	professora	cabra	menina
mulher	gata	homem	mamãe
gato	bode	vaca	professor
menino	carneiro	ovelha	papai

3 Gustavo quer organizar seu armário colocando, de um lado, objetos nomeados por palavras femininas e, do outro, aqueles nomeados por palavras masculinas. Observe as ilustrações e, para ajudar Gustavo, recorte-as e cole-as no armário da página 89.

87

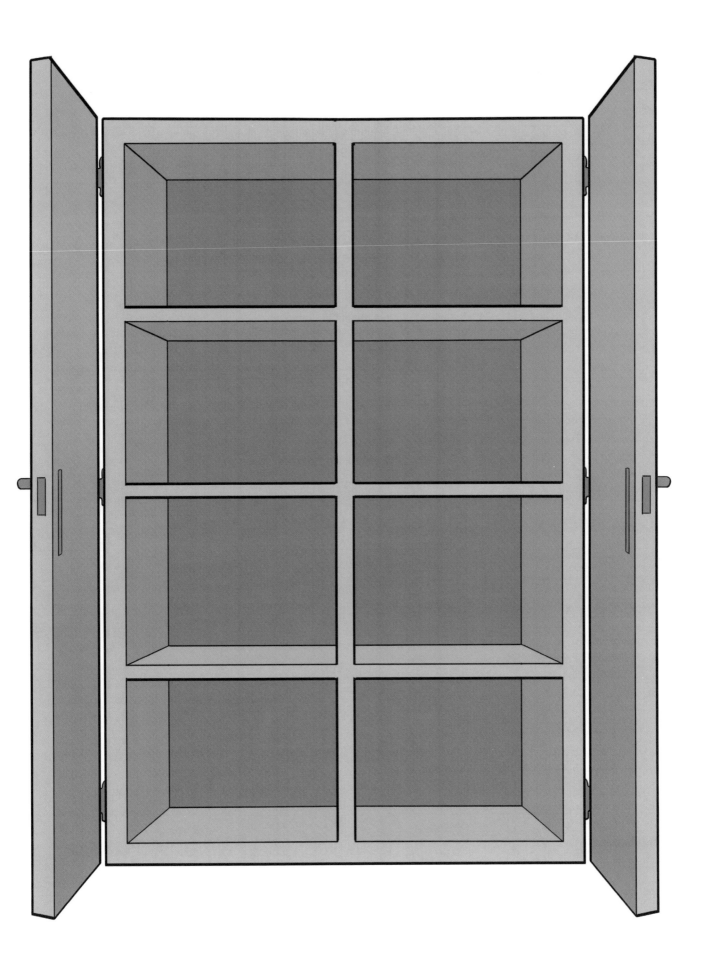

 Texto 2

 **Notícia**

Leia o texto a seguir e veja como sair da rotina pode ser divertido.

Criançada sai da rotina com os animais da fazendinha
Pequenos aproveitaram o domingo de sol com os bichinhos no Acampamento

O local é sucesso no evento. Pais aproveitaram o domingo de sol e levaram os pequenos para conhecer os bichos do campo.

Se as crianças não vão até a fazenda, a fazenda vai até as crianças. A adaptação do **provérbio** português de Maomé e a montanha se encaixa na história da Fazendinha. Pensando em aproximar as pessoas da cidade aos bichos do campo, o **ourives** Gustavo Bierhaus, 68 anos, um apaixonado por animais, criou um espaço no Acampamento Farroupilha com diferentes espécies. Tudo para divertir famílias e ensinar as crianças.

— Há oito anos, montei a Fazendinha e fui **aperfeiçoando**. A ideia é mostrar à criançada que leite e alface não vêm da prateleira do supermercado — conta Gustavo.

Coelhos, ovelhas, cavalos, vacas, patos e galinhas são alguns dos animais que vieram da propriedade de Gustavo, no Bairro Belém Novo, na Zona Sul de Porto Alegre.

— Fazemos sucesso com os pequenos, pois é uma oportunidade de deixarem seus apartamentos e virem conhecer e conviver com os bichos — diz Gustavo.

Segundo ele, no ano passado, cerca de 2 mil crianças visitaram a Fazendinha por dia.

[...]

Conhecimento

O jeito é ir com a família. Como a **prenda** Ana Luísa de Lima, seis anos, que tirava fotos fazendo poses ao lado dos coelhos, seus preferidos. A mãe dela, Ivanete dos Santos, 32 anos, conta que a família sai de Canoas todos os anos para visitar o Acampamento Farroupilha, no Parque Maurício Sirotsky Sobrinho:

— Como sou do Interior e me criei próxima da natureza, faço questão de trazer a minha filha. Ela fica encantada.

Um minigauchinho chamou a atenção pelo traje e pela admiração aos animais. Ignácio Brognoli Sturmer, dois anos, foi ao local pelo segundo ano.

— Eu gosto mais do ganso, porque ele se molhou todo na água, foi bem engraçado — disse o menino, com empolgação.

— Tem que trazer os filhos para apreciar os animais, tirar eles da rotina de casa — diz a mãe de Ignácio, a dentista Bárbara Brognoli, 35 anos.

Jornal *Zero Hora*. Porto Alegre, 14 set. 2015. Disponível em: <http://zh.clicrbs.com.br/rs/noticia/2015/09/criancada-sai-da-rotina-com-os-animais-da-fazendinha-4847071.html>. Acesso em: 27 nov. 2015.

Aperfeiçoar: melhorar.
Ourives: profissional que confecciona objetos utilizando metal, especialmente ouro e prata, ou vende-os.
Prenda: moça, jovem mulher.
Provérbio: frase dita pelo povo e que representa um conhecimento; dito ou ditado popular, por exemplo "Água mole em pedra dura tanto bate até que fura".

1 Releia o início do texto:

> ## Criançada sai da rotina com os animais da fazendinha
> **Pequenos aproveitaram o domingo de sol com os bichinhos no Acampamento**

a) Quais palavras indicam quem está no acampamento?

_____

b) Dois fatos são mencionados: um é "criançada sai da rotina". Qual é o outro?

_____

c) Quando aconteceram os fatos?

_____

d) Onde aconteceram?

_____

> O texto "Criançada sai da rotina com os animais da fazendinha" é uma notícia, um relato apresentado em jornal a respeito de um fato atual.

2 Essa notícia informa sobre um dia diferente vivido pela criançada no acampamento. Além de informar, ela apresenta a opinião de algumas pessoas que estiveram na fazendinha.

- Releia o texto e circule nele, de vermelho, a frase que indica a opinião de uma criança sobre a fazendinha.
- Depois, circule de verde as frases que indicam as opiniões dos adultos sobre a fazendinha.

Dica: quando a opinião de uma pessoa é apresentada em uma notícia, a fala dela é escrita depois do travessão (—).

3 Leia novamente o trecho da notícia a seguir e responda à questão.

> — Há oito anos, montei a Fazendinha e fui aperfeiçoando. A ideia é mostrar à criançada que leite e alface não vêm da prateleira do supermercado — conta Gustavo.

- De acordo com Gustavo, o dono da fazendinha, "leite e alface não vêm da prateleira do supermercado". Em sua opinião, como esses dois tipos de alimentos são produzidos?

_____
_____
_____

4 Leia novamente o título da notícia e responda à questão.

- Por que a criançada sai da rotina?

_____

 Língua: Ortografia

Nomes no singular e nomes no plural

1 Encontre no diagrama o plural das palavras do quadro.

| girafa |
| cidadão |
| orelha |
| japonês |
| coração |
| telegrama |

G	I	R	A	F	A	S	E	H	C
K	P	J	S	N	S	O	L	G	Q
T	E	L	E	G	R	A	M	A	S
C	I	D	A	D	Ã	O	S	I	T
F	R	E	D	I	M	Q	K	V	H
C	O	R	A	Ç	Õ	E	S	Y	G
O	R	E	L	H	A	S	C	A	K
J	A	P	O	N	E	S	E	S	M

93

2 Pinte os quadros em que a palavra está no plural.

maçãs

coração

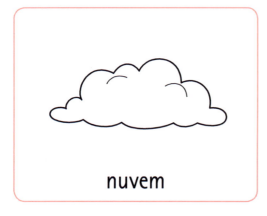
nuvem

vestidos

cavalos

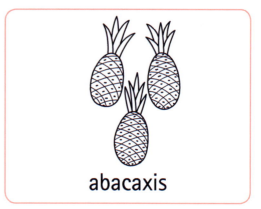
abacaxis

3 Reescreva a frase trocando as figuras por palavras.

Os 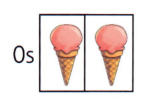 das  são de .

_____

_____

Os sons nasais

1 Releia este trecho da notícia "Criançada sai da rotina com os animais da fazendinha":

> O local é sucesso no evento. Pais aproveitaram o domingo de sol e levaram os pequenos para conhecer os bichos do campo.
>
> Se as crianças não vão até a fazenda, a fazenda vai até as crianças. [...]

a) Circule as palavras com **m** e **n**.

b) Copie as palavras em que as letras **m** e **n** estão no final de sílaba.

_____

_____

2 As letras **m** e **n** no final da sílaba indicam o som nasal. Leia o título de cada coluna e as palavras que estão nelas:

Sílaba terminada em m	Sílaba terminada em n
lembra	contar
também	morrendo
cheguem	cinco
olimpíada	montão
competição	Tintim
bom	presente
Tintim	mandando

• Circule, nas palavras de cada coluna, as sílabas com som nasal representado por **m** ou **n**.

3 Leia a carta que Juliana escreveu para vovó Elisa.

São Paulo, 13 de **novembro** de 2005.

Querida vovó Elisa,
Oi, tudo **bem**? Como **estão** todos aí?
Tenho muitas novidades para **contar**. Primeiro quero dizer que estou **morrendo** de saudades. **Não** vejo a hora que cheguem **as férias** para eu visitar a senhora.
Vó, **lembra** da Tintim? Ela deu cria. Agora eu tenho um **montão** de cachorros.
Na escola, a parte boa é que eu ganhei a **competição** de xadrez na **olimpíada**. A parte chata é que tirei nota **cinco** em Português e a **mamãe** me passou **sermão**.
Obrigada pelo **presente** de aniversário que a senhora me **mandou**. Serviu certinho!
Bem, vou **terminando** por aqui!
A mamãe, o papai e o **João** estão **mandando** um **beijão**. E eu **também**, é claro!
Ah, vó, a mamãe usou a receita. A cocada ficou uma delícia!
Sua neta,

Juliana

• Nas linhas a seguir, copie as palavras que aparecem em destaque na carta.

_____

_____

_____

_____

Fábula

Você conheceu os elementos que formam uma fábula:
- personagens;
- local ou locais onde a história acontece;
- sentimentos dos personagens;
- como pode aparecer a fala de personagem;
- ensinamento.

1. Nesta produção você recontará, em uma folha avulsa, a fábula "O rato do mato e o rato da cidade".

   Para isso você substituirá os animais. Em sua fábula, serão dois patos ou dois cachorros.

   Atenção, você deve pensar nos problemas, nos perigos que um pato ou um cachorro pode vivenciar no campo e nos que pode vivenciar na cidade.

2. Planeje seu texto, depois faça um rascunho e só então comece a escrever o texto definitivo.

3. Organize o texto em parágrafos.

4. Os personagens podem ter nome.

5. Finalizada a escrita, releia o texto e altere o que estiver de inadequado:
   - Empregou letra maiúscula no início das frases?
   - Empregou pontuação?
   - Indicou fala de personagem com travessão?
   - Elaborou o ensinamento?
   - Deu um título ao texto?

6. Leia essa fábula para alguém de seu convívio. Divirta-se!

CAPÍTULO 8

Romance (trecho)

Como será uma reunião de monstros em um condomínio? Leia o texto a seguir para ver que tudo pode acontecer!

Condomínio dos Monstros

1 O Condomínio dos Monstros fica na Rua Mortinho da Silva, número 13. Seus moradores são apavorantes. A criançada do bairro morre de medo de chegar perto do prédio roxo de cinco andares.

2 Apesar de seu aspecto assustador e do burburinho que se ouve, será igual a todos os outros condomínios? O que será que acontece lá dentro?

3 — AUAUAUUUUUU!!!
4 — TUM! TUM! TUM! TUM!
5 — IÁÁ, HÁ, HÁ, HÁ, HÁ!!!
6 — CLANC! CLANC!
7 — CHEEEEGAAAAA!!!

8 A Múmia acordou revoltada com o barulho. Interfonou para todos os apartamentos exigindo uma reunião para discutirem o assunto.

9 — Não é possível! Tenho que dormir 1000 anos, mas não vou conseguir com essa barulheira! Façam o favor de descer para o *playground* à meia-noite, para discutirmos o problema!

10 "BLEM! BLEM! BLEM! BLEM! BLEM! BLEM! BLEM! BLEM! BLEM! BLEM! BLEM! BLEM!" — O relógio tocou, anunciando o começo de uma sexta-feira 13.

11 Os monstros foram chegando ao *playground*, onde a Múmia já esperava, com muito sono e mau humor.

12 Frankenstein desceu pelas escadas, pois não cabia no elevador. A Mula sem cabeça veio galopando pela porta da garagem. O Saci chegou em um redemoinho de vento. O Fantasma atravessou as paredes.

13 A Bruxa entrou voando com a vassoura, junto com o Drácula, transformado em morcego.

14 Já o Lobisomem, o Bicho-Papão e o Esqueleto vieram pelo elevador mesmo.

15 — Vamos logo com isso, porque hoje é noite de lua cheia — avisou o Lobisomem.

16 — É bom mesmo, porque estou morrendo de sede — reclamou o Drácula.

17 — ...e minha poção está esfriando — resmungou a Bruxa.

18 — Qual é o problema? — perguntou Frankenstein com sua voz rouca.

19 Todos reclamavam. Afinal de contas, já era meia-noite, e os monstros queriam sair para fazer maldades. Ninguém queria passar a sexta-feira 13 em uma reunião de condomínio. [...]

Alexandre de Castro Gomes. *Condomínio dos Monstros*. Belo Horizonte: RDJ, 2010. p. 5-8.

1 Releia o primeiro parágrafo do Texto 1 e circule o endereço do local onde se passa a história.

2 Ainda no primeiro parágrafo, localize e copie a frase que indica como são os personagens.

_____

_____

> Em uma história, a frase que indica como são os personagens ou os lugares é denominada descritiva. Ela apresenta uma **descrição**.

3 Marque a frase correta com um **X**.

a) ☐ A criançada do bairro adora visitar esse prédio.

b) ☐ A criançada do bairro joga bola perto do prédio.

c) ☐ A criançada do bairro morre de medo de chegar perto do prédio.

4 Responda às questões.

a) Por que a Múmia ficou revoltada com o barulho?

_____

_____

_____

b) O que ela fez para resolver seu problema?

_____

_____

_____

c) Onde e quando a reunião aconteceu?

_____

_____

5. Releia os parágrafos 12, 13 e 14 e escreva o que fazem os personagens, de acordo com a legenda.

[...] chegou em um redemoinho de vento.	
[...] desceu pelas escadas [...].	
[...] vieram pelo elevador mesmo.	
[...] atravessou as paredes [...].	
[...] entrou voando com a vassoura [...].	
[...] veio galopando pela porta da garagem.	
[...] chegou transformado em morcego.	

Em uma história, aquilo que os personagens fazem é chamado de **ação**.

101

6 Observe o texto nestes parágrafos.

> — AUAUAUUUUUU!!!
> — TUM! TUM! TUM! TUM!
> — IÁÁ, HÁ, HÁ, HÁ, HÁ!!!
> — CLANC! CLANC!
> — CHEEEEGAAAAA!!

a) Leia as definições a seguir e pinte de verde as que correspondem às expressões que você leu nos parágrafos acima.

Uivo (barulho feito por cão e lobo).

Barulho de torneira aberta e água escorrendo.

Risada assustadora, gargalhada que dá medo.

Papel sendo amassado.

As palavras que indicam som são chamadas de **onomatopeias**.

b) No final dessas palavras foi usado o ponto de exclamação (!). Marque a frase correta.

- ☐ Ele foi usado para indicar som baixo.
- ☐ Ele foi usado para indicar que o som parou.
- ☐ Ele foi usado para indicar som alto.

c) A onomatopeia "BLEM!", no parágrafo 10, indica o som de qual objeto?

_____

7 Recorte as onomatopeias e cole-as no quadro a seguir, relacionando-as às imagens.

Onomatopeias

Adjetivo

1 Releia os parágrafos 15, 16 e 17 e escreva por que cada personagem abaixo estava descontente com a reunião.

a) → _____

b) → _____

c) → _____

2 Releia um trecho do texto *Condomínio dos Monstros*.

> Seus moradores são **apavorantes**. A criançada do bairro morre de medo de chegar perto do prédio **roxo** de cinco andares.

a) Leia as explicações a seguir, escolha uma palavra destacada no parágrafo e escreva-a no local correto.

- _____ → quem apavora, quem causa medo.
- _____ → de cor roxa.

b) Leia as perguntas e sublinhe as respostas corretas.

- A palavra **apavorantes** relaciona-se a qual palavra: moradores ou criançada?
- A palavra **roxo** relaciona-se a qual palavra: prédio ou bairro?

Observe as indicações.

moradores apavorantes

A palavra **apavorantes** indica uma característica dos **moradores**.

prédio roxo

A palavra **roxo** indica uma característica do **prédio**.

 As palavras que indicam características são os **adjetivos**.

3 Observe as palavras destacadas nos trechos a seguir e complete as lacunas conforme solicitado.

a) "Apesar de seu aspecto assustador e do burburinho que se ouve, será igual a todos os outros condomínios?"

- Palavra a que o adjetivo se refere: _____.
- Adjetivo: _____.

b) "A Múmia acordou revoltada com o barulho."

- Palavra a que o adjetivo se refere: _____.
- Adjetivo: _____.

4 Reescreva o título do texto com uma das palavras a seguir, mantendo o mesmo sentido.

monstruoso – noturno – frutífero – escolar

Algumas expressões equivalem a um adjetivo.
de monstro → monstruoso   **de fruta** → frutífero
da noite → noturno   **da escola** → escolar

5 Leia esta frase do texto e observe as expressões destacadas.

[...] a Múmia já esperava, **com muito sono** e **mau humor**.

- Agora leia os adjetivos em cada item e pinte aquele que equivale à expressão:

a) com muito sono → sonolenta | faminta | atrasada

b) com mau humor → calada | feliz | mal-humorada

6 Leia estes versos.

Risada saudável
E bem-humorada
É a risada simples
De uma palhaçada.

Tatiana Belinky. *Choro e choradeira, risos e risadas*. São Paulo: Evoluir, 2008.

a) Pinte no texto a primeira palavra terminada em **ada**.

b) Circule no texto os adjetivos que caracterizam **risada**.
Dica: as palavras terminam com **vel**, **da**, **ples**.

107

Texto 2

Sinopse

Leia a sinopse do filme que conta uma aventura vivida por um garoto.

Onde vivem os monstros

Vivendo com sua mãe e a irmã mais velha, o jovem Max acredita que não é bem compreendido pelos que o cercam. Com muita imaginação, ele vive diversas aventuras, mas nunca encontra quem também embarque com ele em suas brincadeiras. Uma noite, quando espera que sua mãe viva com ele mais uma de suas aventuras, Max percebe que ela não virá, então passa a fazer malcriações e desobedecê-la, até ser mandado ao seu quarto de castigo sem jantar.

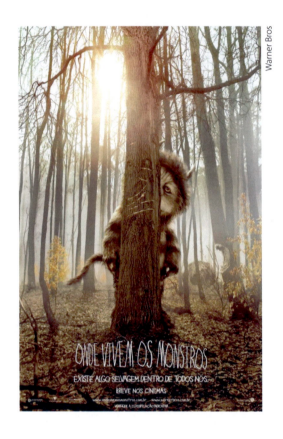

Inconformado, munido de sua fantasia de lobo, o menino decide fugir de casa e rouba um pequeno barco. Depois de velejar por horas, Max chega a uma ilha onde vivem os monstros. Assustado a princípio, ele logo percebe que não será um problema viver ali, já que assim como ele, os monstros também gostam de bagunça e não querem nenhuma regra. Em pouco tempo, o humano conquista a admiração de todos da ilha e é coroado o rei do lugar, podendo fazer tudo aquilo que sempre quis.

Onde vivem os monstros é adaptado do livro clássico de Maurice Sendak.

1 Releia a primeira frase do texto.

> Vivendo com sua mãe e a irmã mais velha, o jovem Max acredita que **não é bem compreendido** pelos que o cercam.

- O que a parte destacada significa?

a) ☐ Max não gosta de sua mãe nem de sua irmã mais velha.

b) ☐ Max acha que a mãe e a irmã mais velha não o entendem.

c) ☐ A irmã mais velha e a mãe de Max não têm tempo para brincar com ele.

2 Em determinada noite, Max faz malcriações e desobedece à mãe.

a) Por que ele fez isso?

_____

_____

b) Você acredita que a atitude de Max mudou a situação dele?

- ☐ Sim.　　　　　　　　- ☐ Não.

c) Em sua opinião, a reação de Max foi adequada? Por quê?

_____

_____

3 A sinopse contém uma breve apresentação, um resumo, de uma história. Qual é o título dessa história?

_____

4 A história *Onde vivem os monstros* ficou conhecida de duas formas. Quais são elas? Assinale a alternativa correta.

a) ☐ Filme e livro.

b) ☐ Música e filme.

c) ☐ Livro e clipe.

Língua: Ortografia

Emprego de m e n

1 Releia uma parte do texto.

> Inconformado, munido de sua fantasia de lobo, o menino decide fugir de casa e rouba um pequeno barco. Depois de velejar por horas, Max chega a uma ilha **onde vivem os monstros**.

a) Circule nesse trecho as palavras escritas com **m** e com **n**.

b) Agora escreva, na parte correspondente do quadro a seguir, as palavras do item **a**. Dica: há uma palavra que será escrita nas duas colunas.

Palavras com m e n em início de sílaba	Palavras com m e n antes de consoante

c) Leia as frases a seguir e assinale com **X** as que estão corretas.

- ☐ A palavra **um** não foi escrita no quadro porque nela a letra **m** não está no início de sílaba nem vem antes de consoante. A letra **m** representa som nasal.

- ☐ A palavra **monstros** foi escrita nas duas colunas porque a letra **m** está no início de sílaba e a letra **n** vem antes de consoante.

- ☐ As letras **m** e **n** são empregadas somente em início de sílaba.

2 Leia as palavras e separe-as em sílabas. Algumas letras já estão indicadas.

a) anjo [n] – [ ]

b) brincadeira [br] – [ ] – [ei] – [ ]

c) computador [om] – [ ] – [ ] – [r]

d) vento [n] – [ ]

e) distante [s] – [ ] – [ ]

f) importante [ ] – [p] – [ ] – [ ]

g) ambulância [ ] – [ ] – [lân] – [ ]

h) lâmpada [m] – [ ] – [ ]

i) cambalhota [ ] – [b] – [h] – [ ]

j) ensino [n] – [ ] – [ ]

3 Releia as palavras da atividade 2 e observe a separação em sílabas.

a) Copie as palavras com letra **n** antes de consoante.

_____

_____

_____

b) Copie as palavras com letra **m** antes de consoante.

_____

_____

_____

c) Pinte os quadrinhos que acompanham as afirmações corretas.

• [ ] Antes das consoantes **b** e **p** é usada a letra **m**.

• [ ] Antes das consoantes **b** e **p** é usada a letra **n**.

• [ ] Antes das outras consoantes é usada a letra **n**.

• [ ] Antes das outras consoantes é usada a letra **m**.

4 Leia as palavras a seguir e observe a separação em sílabas. Depois, pinte os quadrinhos de acordo com a legenda.

☐ **m** antes de **b**   ☐ **m** antes de **p**

a) ambiente   am-bi-en-te   ☐

b) bombeiro   bom-bei-ro   ☐

c) campo   cam-po   ☐

d) empada   em-pa-da   ☐

e) imperador   im-pe-ra-dor   ☐

f) lembrar   lem-brar   ☐

g) lombo   lom-bo   ☐

h) samba   sam-ba   ☐

i) simpático   sim-pá-ti-co   ☐

j) umbigo   um-bi-go   ☐

Produção de texto

Sinopse

Há muitas histórias sobre monstros! Agora você vai fazer uma sinopse de uma obra sobre monstros que você tenha lido ou à qual tenha assistido. Pode ser sobre um livro, um filme ou uma animação. O importante é que você conheça a obra para poder fazer uma apresentação dela.

Antes de escrever, lembre-se de que seu texto não pode ser muito longo, pois é um resumo. Também não pode apresentar muitos detalhes nem o final da história!

Pense no que é importante comunicar: sobre o que trata a história, falar de alguns dos personagens e, principalmente, deixar seu leitor com vontade de ler o livro ou assistir ao filme.